숲은 어떻게 만들어지는가?

윌리엄 재스퍼슨 글 · 척 에카르트 그림/ 이은주 옮김

비룡소

유익한 자문을 해 주시고 감수해 주신
버몬트 주의 숲 환경보호협회 회장 찰스 존슨 씨께 감사드립니다.

윌리엄 재스퍼슨

미국 북동부 코네티컷주 뉴헤이번에서 태어났고, 뉴햄프셔주의 다트머스 대학을 졸업했다. 지금은 북동부 버몬트주에서 아내와 두 아이와 함께 살고 있다. 따라서 이 책의 배경인 북동부 매사추세츠주의 숲을 분명 사랑했고 이 글을 쓴 것도 우연이 아닐 것이다. 『우주는 어떻게 생겨났는가』, 『최초의 인간은 어떻게 살았는가』 등 여러 권의 책을 썼다.

척 에카르트

어린 시절을 캘리포니아주의 요세미티 국립공원에서 보냈다. 그랬기에 숲에 대한 사랑이 듬뿍 담긴 이 책에 자신의 재능을 한껏 더 발휘할 수 있었다. 지금은 미국 샌프란시스코에서 화가로 활발하게 활동하고 있다.

이은주

서울대학교에서 식물학으로 석사 과정을 마친 후, 캐나다로 가서 숲 속에서 나무들이 어떻게 자라고 다른 생물들과 어울려 살아가는지를 공부하고 박사 학위를 받았다. 현재 서울대학교 생명과학부에서 식물생태학을 가르치며 숲에 대해서 연구하고 있다.

숲은 어떻게 만들어지는가?

1판 1쇄 펴냄—2000년 5월 1일, 1판 61쇄 펴냄—2023년 12월 13일
글쓴이 윌리엄 재스퍼슨 그린이 척 에카르트 옮긴이 이은주 펴낸이 박상희 편집주간 박지은 펴낸곳 (주)비룡소
출판등록 1994. 3. 17. (제16-849호) 주소 06027 서울시 강남구 도산대로1길 62 강남출판문화센터 4층
전화 02)515-2000 팩스 02)515-2007 홈페이지 www.bir.co.kr
제품명 어린이용 각양장 도서 제조자명 (주)비룡소 제조국명 대한민국 사용연령 3세 이상

HOW THE FOREST GREW by William G. Jaspersohn and illustrated by Chuck Eckart
Text Copyright ⓒ 1980 by William G. Jaspersohn Illustrations copyright ⓒ 1980 by Chuck Eckart
All rights reserved.
Korean Translation Copyright ⓒ 2000 by BIR Publishing Co., Ltd.
Korean translation edition is published by arrangement with HarperCollins Children's Books,
a division of HarperCollins Publishers Inc., New York through KCC (Korea Copyright Center INC.), Seoul.

이 책의 한국어판 저작권은 KCC를 통해 HarperCollins Children's Books와
독점 계약한 (주)비룡소에 있습니다.
저작권법에 의해 한국 내에서 보호를 받는 저작물이므로 무단 전재와 무단 복제를 금합니다.

ISBN 978-89-491-6053-5 74800/ ISBN 978-89-491-5986-7 (세트)

늘 노력하는 삶을 살고
나에게 용기를 북돋워 주는 친구,
데이비드 루스에게―윌리엄

엘리스에게―척

여러분은 숲이 어떻게 생기고 자라는지
궁금해한 적이 있나요?
여기에 매사추세츠 주에 있는
숲에 대한 이야기가 있어요.
그렇다고 매사추세츠 주에 있는
숲 이야기로만 생각해서는 안 돼요.
왜냐하면 우리 주변에 있는 숲도
같은 과정을 거쳐 자라니까요.
자, 이 매사추세츠 주에 있는 숲이
어떻게 생기고 자라는지 알고 싶죠?
이것을 알려면, 타임머신을 타고
아주 옛날로 돌아가야 한답니다.
이백 년 전, 지금 숲이 있는 땅은
어떤 모습이었을까요?

이백 년 전, 그 땅은 숲이 아니었어요.
들판이었고, 풀이 자라고 있었지요.
어떤 농부 가족들이 그 땅에서
농사를 짓다가 어디론가 떠나 버렸어요.
그때부터 숲이 생기기 시작했답니다.
씨앗이 바람에 실려 들판으로 날아왔어요.
새들도 씨앗을 물고 들판으로 왔어요.
햇살이 내리쬐는 날에는 햇빛이 씨앗을
따사롭게 비춰 줬어요.
비가 오는 날에는
빗방울이 씨앗을 적셔 주었지요.
앗, 드디어 씨앗이 싹을 틔웠어요.

또 몇 년이 흘렀어요.

그 땅에는 온갖 잡초들이 무럭무럭 자랐어요.

민들레, 미역취, 별꽃, 밀크위드, 돼지풀,

루드베키아 같은 것들 말이에요.

해마다 따사로운 봄이 되면,

새로운 식물들이 뿌리를 내리고 자랐어요.

몇 년 사이에 또 땅의 모습은

몰라보게 변해 버렸죠.

우엉과 찔레나무들이

잡초들 사이를 비집고 자랐어요.

이제 땅은 덤불지게 되었고,

물기가 많은 땅이 되었답니다.

검은딸기가 열렸어요.
그러자 멧종다리, 쌀새, 개똥지빠귀 같은
새들이 부리나케 날아왔어요.
맛있는 검은딸기를 먹기 위해서요.

들쥐와 야생토끼들도
풀밭에서 둥지를 만드느라
몹시 바빴어요.
마멋, 두더지, 뾰족뒤쥐는
땅속에 굴을 파느라 정신이 없었죠.
뱀도 작은 동물을 잡아먹기 위해
돌아다녔답니다.
매와 부엉이도
먹잇감을 사냥하고 있었어요.
시간은 계속 흘렀답니다.

농부 가족이 떠난 지
오 년이 지난 여름이었어요.
나무가 될 씨앗들이
막 싹을 틔웠답니다.
삼나무일까요?
자작나무일까요?
포플러나무일까요?
아니면 사시나무일까요?
모두 아니에요.
햇빛을 좋아하는 이 나무들은
땅이 좀 더 기름져야 자라거든요.
그럼, 대체 무슨 나무냐고요?
이 나무는 바로 스트로부스잣나무였어요.
이 나무도 햇빛을 좋아하지만,
영양분과 물기가 좀 적어도 잘 자란답니다.
가까운 숲에 있었던 씨앗이
바람에 실려 날아와서 싹을 틔운 거지요.

같은 해 여름,

스트로부스잣나무 씨앗들이

여기저기서 싹을 틔우기 시작했어요.

시간이 흐를수록 작은 나무들이

군데군데 생겨났답니다.

그래서 잡초와 작은 수풀들은

자꾸 사라져 갔지요.

나무를 연구하는 과학자들은

땅에서 맨 처음 자라는 나무를

"개척자나무"라고 해요.

스트로부스잣나무가 바로 개척자나무지요.

햇빛을 좋아하는 어떤 나무도

스트로부스잣나무만큼

많이, 그리고 빨리 자라지 못한답니다.

스트로부스잣나무는 잘 자랐어요.
그러자 작은 수풀에서 사는 새들이
이곳으로 왔답니다.
이제 들판에 사는 들새들은 떠나고,
작은 수풀에 사는 새들이 살게 됐어요.
피리새, 솔새, 참새 들이
이 수풀에서 보금자리를 만들었지요.

그러자 쥐, 토끼, 새 들을 잡아먹는
족제비와 여우도 이 수풀에 왔답니다.

스트로부스잣나무가 싹이 튼 지
이십 년이 흘렀어요.
그 땅은 온통 스트로부스잣나무뿐이었죠.
스트로부스잣나무 가지들이 햇빛을 가렸어요.
그러자 잡초와 풀들은
햇빛을 못 받아 죽었답니다.
이렇게 그늘이 지자,
어린 스트로부스잣나무들도
햇빛을 못 받아 결국 죽게 되었죠.

숲이 없어져서 큰일이라고요?
아니에요. 걱정 말아요.
그늘에서 싹을 틔우는
잎이 넓은 나무들이 있답니다.
물푸레나무도 있고,
참나무도 있고,
단풍나무도 있고,
튤립나무도 있어요.
이런 나무들은
스트로부스잣나무 밑에서
자랄 수 있었어요.

또 십오 년이 흘렀어요.
이쯤 되니 스트로부스잣나무 사이사이로
새로운 나무들이 자랐어요.
그 땅은 나무들로 빽빽해졌답니다.
이렇게 빽빽해지다가
나무가 자랄 땅이 없어지자,
가장 튼튼한 나무만이 살아남았어요.
과학자들은 일정한 지역의 나무나 동물들이
시간에 따라 새로운 종류로 바뀌는 것을
'천이'라고 해요.
다시 말해, 새로운 나무나 동물이
지금 살고 있는 나무나 동물의 뒤를 이어
사는 거예요.

스트로부스잣나무가
새로운 나무로 점점 바뀌었어요.
그러자 동물들의 삶 또한 바뀌게 되었죠.
들쥐들이 다른 곳으로 떠났어요.
먹잇감을 구할 수 없었거든요.
또 보금자리를 만들 풀도 없었죠.
하지만 발이 흰 쥐들은 이곳에서 살았어요.
이 쥐들은 나무의 씨앗을 먹고 살거든요.
보금자리도 속이 빈 나무 그루터기나
통나무에 만들지요.

잎이 넓은 나무들이 많이 자라자,
그 땅에 사슴이 와서 살았어요.
사슴은 잎이 넓은 나무 뒤에
자기 몸을 숨길 수 있었거든요.
또 사슴이 먹을 수 있는
어린 잎들도 있었답니다.

홍관조가 나무 위에 앉아 있었어요.

딱새도 앉아 있었고, 연작도 앉아 있었고,

목도리뇌조도 앉아 있었지요.

다람쥐와 얼룩다람쥐는 그 땅으로

나무 열매를 가져왔어요.

그중 몇몇 나무 열매는

다른 식물들과 함께 싹을 틔웠답니다.

농부 가족이 떠난 지 사십 년이 흘렀어요.
그리고 또 십 년이 흘러 오십 년이 된
어느 여름 오후였지요.
그 땅에 엄청난 폭풍우가 불어 닥쳤답니다.
키 큰 잣나무들이 번개에 맞아 죽기도 했고,
가지가 부러지기도 했어요.
어린 잣나무들은 세찬 바람 때문에
뿌리째 뽑혔지요.
또 몇몇 나뭇가지들은 벼락을 맞아 탔답니다.

또 숲이 없어질 것 같죠.

하지만 걱정 말아요.

이건 모두 숲이 자라는 과정이에요.

몇몇 잣나무들이 죽으면,

그 땅에 새로운 나무들이 싹을 틔우거든요.

시간은 멈추지 않고, 또 흘렀어요.

곤충이나 병 때문에

소나무들이 죽을 때도 있었어요.

그러면 그 자리에

참나무, 회나무, 단풍나무가

또 자랐답니다.

숲은 계속 자랐어요.
농부 가족이 떠나고 팔십 년이 더 지나
1860년이 됐어요.
그해에 잡초들은 거의 없어졌답니다.
또 처음에 무럭무럭 자라던
스트로부스잣나무도 거의 없어졌어요.
대신 참나무와 단풍나무와 회나무가
곳곳에서 자랐지요.
이때가 숲이 자라는 과정의 중간 단계예요.

이제, 숲에서

새로운 씨앗이 싹을 틔우는 건

마지막이에요.

마지막으로 싹을 틔우는 씨앗이 뭐냐고요?

그건 햇빛을 많이 받지 않아도 잘 자라는

너도밤나무와 설탕단풍나무 씨앗이었어요.

참나무와 단풍나무와 회나무의 새싹들은

너도밤나무와 설탕단풍나무의 새싹보다

햇빛을 더 많이 받아야 해요.

또 물이 더 있어야 하고,

더 좋은 흙에서만 자랄 수 있답니다.

결국 참나무와 단풍나무와 회나무는 죽고,

너도밤나무와 설탕단풍나무만이 자라게 되었지요.

가을만 되면,
나뭇잎이 하나씩 떨어졌어요.
땅 위에는 떨어진 나뭇잎과 잔가지들이
계속 쌓였답니다.
이런 모든 것들이 썩어서
부식질이라는 두꺼운 층을 만들었어요.
그러면 박테리아와 벌레와 곰팡이 들이
부식질을 흙으로 바꿔 주었지요.
나무들은 이 흙에서 영양분과 물을 얻어서 살았어요.
때때로 죽은 동물이나 곤충이 썩어서
부식질이 되기도 했지요.

농부 가족이 떠난 지 백 년이 흘렀어요.
참나무나 단풍나무나 회나무가 죽은 자리에
너도밤나무와 설탕단풍나무가 자랐어요.
이러한 키 큰 나무 밑에서 자라는
작은 너도밤나무와 설탕단풍나무들은
층이 졌답니다.
이런 층을 '키 작은 나무층'이라고 해요.

겨울만 되면,
눈이 내려 온통 숲을 뒤덮었어요.
봄에는 땅 위에
야생화가 그득 피어났지요.
해마다 너도밤나무와 설탕단풍나무들은
하늘을 향해 가지를 쭉쭉 뻗어 나갔어요.
솔송나무가 그늘에서 자랐어요.
그러자 참나무와 단풍나무와 회나무 들은
그 땅에서 천천히 사라졌답니다.

숲이 생기기 시작한 지
백오십 년이 흘러, 1927년이 됐어요.
이제 너도밤나무와 설탕단풍나무가
숲의 왕이 됐답니다.
지금은 어떤 가족이 그 땅을 가지게 됐어요.
그 가족들은 평화로운 숲을 사랑했어요.
그리고 예전에 농부 가족이 살았던
똑같은 자리에 새 집을 지었지요.
하지만 그 땅에 있는 나무들을
자르지 않았어요. 농사를 짓지 않았답니다.
그래서 그 가족들은
숲에서 나는 소리를 들을 수 있었어요.
또 한때는 넓은 들판이었지만
지금은 거대한 숲이 되어 버린 그 숲을
바라보기도 했지요.

그 숲은 많은 야생 동물들의 집이기도 했어요.
예를 들어 여우, 살쾡이, 얼룩다람쥐, 곰, 사슴, 다람쥐, 쥐,
고슴도치 같은 동물들 말이에요.

나무 뿌리는 물을 빨아들이고
흙이 떠내려가지 않게 붙잡아 줘요.
많은 새들은 나뭇가지에 둥지를 틀어요.
부식질은 메마른 흙에 영양분을 준답니다.
세상에 있는 모든 숲은
매사추세츠 주에 있는 이 숲처럼
생기고 자라요.
물론 숲마다 나무의 종류가 다를 수는 있지만,
나무가 자라는 과정은 매우 비슷하지요.
숲에 있는 것 가운데 변하지 않는 것은
아무것도 없어요.
매일 늙은 나무는 죽어 가고,
새로운 어린 나무가 그 자리에서 자라지요.

이제 여러분이 숲에 가게 되면, 꼭 생각해 보세요.

이 숲이 언제부터 생겼는지 생각해 봐요.
또 나무들 이름을 알아보기도 하고요.

숲은 대부분 세 단계를 거쳐 자라요.
- 개척자 단계: 나무가 처음으로 자라는 단계
  (예: 소나무, 아까시나무 등)
- 중간 단계: 영양분이 많아지고 경쟁이
  심해지면서 다른 나무들이 자라는 단계
  (예: 참나무, 단풍나무 등)
- 마지막 단계, 극상 단계: 숲이 안정되는 단계
  (예: 너도밤나무, 서어나무 등)

여러분이 간 숲이 어떤 단계인지
관찰해 봐요.

다 자란 숲은 다섯 개 층으로 이루어져 있어요.
- 지붕층: 지붕처럼 키가 큰 나무들이 이루는 층
- 지붕 아래층: 지붕층보다 조금 작은 나무들이 이루는 층
- 관목층: 키가 작은 나무들이 이루는 층
- 초본층: 풀이 이루는 층
- 숲바닥층: 숲 바닥에서 붙어 자라는 식물이 이루는 층

여러분은 다섯 개 층을 모두 구별할 수 있나요?

나무 그루터기에 있는 나이테를 세어서
그 나무의 나이를 알아봐요.

곰팡이는 썩은 나무와 식물에서 살아요.
쓰러진 통나무와 그루터기에서
곰팡이를 찾아봐요.

여러분은 나무에서
곤충이 상처 낸 부분을 찾을 수 있나요?
또 딱따구리가 뚫은 구멍을 찾을 수 있나요?

숲에 사는 동물이 남긴 자국들을 찾아봐요.
- 발자국
- 동물의 배설물
- 깃털, 동물의 털, 뱀 껍질
- 둥지, 동굴
- 뼈

숲에서 독성이 있는 식물을 찾아봐요.
- 독이 있는 담쟁이 덩굴
- 독이 있는 참나무
- 옻나무

여러분, 숲에서 이것만은 꼭 지켜야 해요.
- 숲에서 어른 없이 불을 피우면 절대 안 돼요.
- 숲에 절대 혼자 가면 안 돼요.
  가게 되더라도 부모님한테 반드시
  자기가 어디에 가는지 알리고 가야 해요.
- 딸기나 버섯 같은 야생 식물은 절대 먹어서는 안 돼요.
- 나무 껍질을 절대 벗기지 말아요.
  껍질이 벗겨진 곳을 통해 병이 걸리거나
  곤충들한테 상처를 입을 수도 있어요.
- 나무에 절대 상처를 내지 말아요.
  나무가 죽는답니다.

여러분, 이것만은 꼭 기억해요.
나무는 살아 있어요.
그러니깐 우리는 나무를 사랑해야 해요.

옮기고 나서

　요즘 아파트 분양 광고를 잘 살펴보면 현대식으로 지은 아파트 뒤편에는 항상 아름다운 숲이 있다. 인간이 살기에 알맞은 환경이 바로 숲이 울창한 곳이기 때문이다. 유럽, 미국과 캐나다, 그리고 일본과 우리나라 모두 숲이 아름답고 잘 가꾸어진 나라들이다. 숲과 더불어 수천 년을 살아온 우리 민족한테 숲은 삶의 장소이자 휴식처이다. 숲에서 삶에 필요한 것들을 얻기도 하고, 봄 여름 가을 겨울마다 아름답게 바뀌는 자연 속에서 고향을 느끼기도 한다. 하지만 최근에 들어와서는 우리 삶의 장소였던 숲이 점점 멀어지고 있다.

　숲의 소중함은 '우리가 숲에 대해서 얼마나 아는가'에 달려 있다. 우리 주변에 있는 가까운 숲을 찾아가 보자. 숲의 다양한 표정을 이해하고 숲의 새로운 경이를 몸소 겪어 보자. 온갖 나뭇잎들이 제각기 다른 색깔을 나타내는 봄의 숲은 두고두고 잊혀지지 않을 것이다. 신발 끈을 단단히 묶고 심호흡을 하며 숲길을 걸어 보자. 숲과 내가 하나가 되어 보자.

봄이 오는 관악산에서
이은주

난 책읽기가 좋아 초록 단계

7세 이상 / 총 45권

글을 막 깨쳐 책을 혼자 읽기 시작하는 아이들을 위한 동화.
책 읽는 습관을 저절로 키워 주는 재미 가득한 이야기들의 모음.

개구리와 두꺼비가 함께 아놀드 로벨 글 · 그림/ 엄혜숙 옮김
개구리와 두꺼비는 친구 아놀드 로벨 글 · 그림/ 엄혜숙 옮김
개구리와 두꺼비의 사계절 아놀드 로벨 글 · 그림/ 엄혜숙 옮김
개구리와 두꺼비의 하루하루 아놀드 로벨 글 · 그림/ 엄혜숙 옮김
괴물이 나타났다
다니엘 포세트 글 · 에르네 르 고프 그림 · 최윤정 옮김
길을 가는 메뚜기 아놀드 로벨 글 · 그림/ 엄혜숙 옮김
꼬마 돼지 아놀드 로벨 글 · 그림/ 엄혜숙 옮김
꼬마 스파이더 박하임 글 · 그림
내가 제일 큰형이야 공문정 글 · 박정섭 그림
내 사랑 생쥐 베아트리스 루에 글 · 세르주 블로흐 그림/ 김현주 옮김
노랑이와 분홍이 윌리엄 스타이그 글 · 그림/ 조세현 옮김
마코가 주는 선물
간자와 도시코 글 · 가타야마 켄 그림/ 양선하 옮김
말썽꾸러기 로라 필립 뒤마 글 · 그림/ 박해현 옮김
말썽쟁이 티노를 공개 수배합니다 이영서 글 · 조우영 그림
무서운 꿈, 덤벼 봐! 에밀리 테트리 글 · 그림/ 노은정 옮김
뭐 이런 손님이 다 있어! 마티아스 스트케 글 · 그림/ 이현정 옮김
뭐든지 무서워하는 늑대 안 로카르 글 · 염혜원 그림/ 김현주 옮김
분홍이 어때서 하신하 글 · 박보미 그림
빗방울 공주 뱅자맹 쇼 글 · 그림/ 이경혜 옮김
생쥐 수프 아놀드 로벨 글 · 그림/ 엄혜숙 옮김
생쥐 이야기 아놀드 로벨 글 · 그림/ 엄혜숙 옮김
세상에서 가장 무서운 내 짝꿍 이용경 글 · 원혜진 그림
세상에서 가장 소중한 내 보물 이용경 글 · 원혜진 그림
심술쟁이 버럭영감 강정연 글 · 김수현 그림
아기 곰 마코 간자와 도시코 글 · 가타야마 켄 그림/ 양선하 옮김
야구왕 돼지 삼 형제 소중애 글 · 인강, 해영 그림
어린 양 오르넬라 아고스티노 트라이니 글 · 그림/ 이승수 옮김
엠마가 학교에 갔어요!
수지 모건스턴 글 · 세브린 코르디에 그림/ 이세진 옮김
엠마는 할머니가 좋아요!
수지 모건스턴 글 · 세브린 코르디에 그림/ 이세진 옮김
엠마의 비밀 일기
수지 모건스턴 글 · 세브린 코르디에 그림/ 이세진 옮김
엠마의 아주 특별한 저녁
수지 모건스턴 글 · 세브린 코르디에 그림/ 이세진 옮김
완두콩, 너 멜론 맛 알아?
다카도노 호코 글 · 오타 다이하치 그림/ 고향옥 옮김
우후의 빨간 썰매
간자와 도시코 글 · 이노우에 요스케 그림/ 권우숙 옮김
원숭이 동생 이토우 히로시 글 · 그림/ 김난주 옮김
원숭이는 원숭이 이토우 히로시 글 · 그림/ 김난주 옮김
원숭이의 하루 이토우 히로시 글 · 그림/ 김난주 옮김
이런 동생은 싫어!
로리 뮈라이유 글 · 장 노엘 로쉬 그림/ 조현실 옮김
집에 있는 부엉이 아놀드 로벨 글 · 그림/ 엄혜숙 옮김
코끼리 아저씨 아놀드 로벨 글 · 그림/ 엄혜숙 옮김
토끼 빵과 돼지 빵
오자와 다다시 글 · 니시카와 오사무 그림/ 고향옥 옮김
파리 먹을래, 당근 먹을래?
마티아스 스트케 글 · 그림/ 이현정 옮김
프라이팬 할아버지
간자와 도시코 글 · 호리우치 세이치 그림/ 고향옥 옮김
학교가 뭐가 무섭담!
다니엘 포세트 글 · 프레드릭 레베나 그림/ 이경혜 옮김
학습지 쌤통 김영미 글 · 장진희 그림
행복한 목수 비버 아저씨
마조리 W. 샤맷 글 · 릴리언 호번 그림/ 이원경 옮김

★ 계속 출간됩니다.

난 책읽기가 좋아 주홍 단계

초등학교 저학년 이상 / 총 106권

책 읽기와 글쓰기에 길잡이가 되어 주는 동화. 논술을 시작하는
아이들에게 생각의 길잡이가 되어 주는 이야기들의 모음.

갑자기 악어 아빠 소연 글 · 이주희 그림
갑자기 기린 선생님 소연 글 · 이주희 그림
거짓말을 먹고 사는 아이
크리스 도네르 글 · 필립 뒤마 그림/ 최윤정 옮김
괴물 길들이기 김진경 글 · 송희진 그림
깊은 밤 필통 안에서 김상효 글 · 심보영 그림
깊은 밤 필통 안에서 2 - 까만 연필의 정체
김상효 글 · 심보영 그림
깊은 밤 필통 안에서 3 - 병아리 붓은 억울해
김상효 글 · 심보영 그림
꼬마 철학자 우후
간자와 도시코 글 · 이노우에 요스케 그림/ 권우숙 옮김
꽝 없는 뽑기 기계 곽유진 글 · 차상미 그림
나는 임금님이야 이미현 글 · 이지선 그림
나무 위의 아이들
구드룬 파우제방 글 · 잉게 쉬타이네케 그림/ 김경연 옮김
내 남자 친구야 베아트리스 루에 글 · 로지 그림/ 최윤정 옮김
내 동생은 미운 오리 새끼 류호선 글 · 한지선 그림
내 맘대로 선생님 만들기 소중애 글 · 김이조 그림
내 머리에 햇살 냄새 유은실 글 · 이현주 그림
너, 그저 이리 내놔!
티에리 르뉭 글 · 베로니크 보아리 그림/ 최윤정 옮김
너, 누구 닮았니? 로리 뮈라이유 글 · 오딜 에렌 그림/ 최윤정 옮김
놀기 과외 로리 뮈라이유 글 · 올리비에 마툭 그림/ 최윤정 옮김
늑대들이 사는 집 허가람 글 · 윤정주 그림
다락방 명탐정 1 - 도깨비방망이를 찾아라! 성완 글 · 소윤경 그림
다락방 명탐정 2 - 구미호 실종 사건 성완 글 · 소윤경 그림
다락방 명탐정 3 - 사라진 여의주 성완 글 · 소윤경 그림
달마시안 선생님 류호선 글 · 한지선 그림
대단한 산불 대소동 레미 라이 글 · 그림/ 노은정 옮김
대박 쉽게 숙제하는 법 천효정 글 · 김무연 그림